Márcio Costa

DESPERTAR PARA A
VOCAÇÃO

*identificação, consciência
e encanto*

Paulinas

Dados Internacionais de Catalogação na Publicação (CIP)
(Câmara Brasileira do Livro, SP, Brasil)

Costa, Márcio
  Despertar para a vocação : identificação, consciência e encanto / Márcio Costa. - São Paulo : Paulinas, 2024.
  72 p. (Coleção Vinde e vede)

  ISBN 978-65-5808-270-5

  1. Vocação - Cristianismo I. Título II. Série

24-0031   CDD 248.89

Índice para catálogo sistemático:
1. Vocação - Cristianismo

1ª edição – 2024

Direção-geral: *Ágda França*
Editores responsáveis: *Maria Goretti de Oliveira*
Antonio Francisco Lelo
Copidesque: *Ana Cecilia Mari*
Coordenação de revisão: *Marina Mendonça*
Revisão: *Sandra Sinzato*
Gerente de produção: *Felício Calegaro Neto*
Capa e diagramação: *Elaine Alves*

Nenhuma parte desta obra poderá ser reproduzida ou transmitida por qualquer forma e/ou quaisquer meios (eletrônico ou mecânico, incluindo fotocópia e gravação) ou arquivada em qualquer sistema ou banco de dados sem permissão escrita da Editora. Direitos reservados.

Cadastre-se e receba nossas informações
paulinas.com.br
Telemarketing e SAC: 0800-7010081

Paulinas
Rua Dona Inácia Uchoa, 62
04110-020 – São Paulo – SP (Brasil)
📞 (11) 2125-3500
✉ editora@paulinas.com.br
© Pia Sociedade Filhas de São Paulo – São Paulo, 2024

Sumário

Apresentação 5

Introdução 7

Capítulo I

Despertar para o sentido da vida 11

Capítulo II

Pedagogia vocacional: caminho de orientação vocacional
e profissional.. 23

Capítulo III

Acompanhamento vocacional: do caos ao projeto de vida ... 33

Capítulo IV

Estratégias: cultura do cuidado 45

Conclusão... 67

Referências 69

Apresentação

O tema da vocação, por sua natureza, está sempre na ordem do dia das pessoas comprometidas com o projeto de Jesus de Nazaré. Afinal, trata-se da experiência da qual resulta a adesão da fé, com seu desdobramento necessário na missão. Escutar o chamado e respondê-lo positivamente só é possível para quem aderiu ao Mestre e lhe dá ouvidos.

A presente obra aborda o tema da vocação em uma perspectiva peculiar: o despertar para ela. Pressupõe-se que o abrir-se para o evento da vocação, de forma alguma, corresponde a um fato espontâneo na vida das pessoas, dispensando qualquer esforço. Antes, faz-se necessário tomar consciência da voz de Deus que chama e convoca a se dispor a lhe dar uma resposta, comprometendo-se com um estilo de vida marcado: pelo serviço desinteressado ao próximo em suas necessidades; pelo empenho na construção de um mundo fraterno e solidário; pela luta por justiça e direitos humanos; pela valorização do humanismo cristão; e pelo cuidado com a casa comum e sua sustentabilidade.

O autor introduz a ideia de "encanto" como elemento importante no despertar vocacional. Afinal, caso falte encantamento, o evento se esvairá já em seu nascedouro. O encanto dá fôlego e mantém viva a chama da vocação. E, mais, leva quem se comprometeu com Jesus de Nazaré a se tornar irradiador do apelo vocacional; em outras palavras, um despertador vocacional. Sim, o defrontar-se com quem vive a vocação, testemunhando alegria e se mostrando realizado, poderá servir de incentivo para os que estão às voltas com processos vocacionais desde o seu despertar.

A obra serve de ferramenta para os animadores e animadoras vocacionais na tarefa de acompanhar os jovens no processo de discernir os rumos a serem dados às suas vidas. Essa ajuda fraterna torna-se imprescindível na medida em que as pessoas jovens, mas igualmente as adultas, podem não ser capazes de tomar distância quando se trata de questões pessoais. Daí a importância de interlocutores gabaritados, conhecedores da pedagogia adequada, em vista de se chegar a um bom termo, a uma escolha acertada, que dê consistência à caminhada de vida cristã comprometida de quem chegou ao fim do processo.

Os vários capítulos da obra, escritos com clareza e concisão, oferecem um instrumental válido para a tarefa de animação vocacional. Com certeza, sua leitura será de grande utilidade para quem se servir deles na tarefa de ajudar irmãos e irmãs a se colocarem no bom caminho de resposta, com consciência, discernimento e encantamento, à voz que Deus lhe dirige, no fundo de seu coração.

Pe. Jaldemir Vitório, sj

Introdução

Esta obra, intitulada *Despertar para a vocação: identificação, consciência e encanto*, tem a finalidade de refletir, junto aos animadores vocacionais, sobre o compromisso com os processos vocacionais. A Igreja reconhece a animação vocacional como lugar do despertar; entretanto, é na própria Igreja que o jovem é desafiado a vivenciar um caminho de desenvolvimento e amadurecimento em sua vocação. Para isso, este livro se preocupa em retratar os critérios fundamentais para esse desenvolvimento. Trata-se do processo de identificação, consciência e encantamento.

A animação vocacional recebeu do IV Congresso Vocacional do Brasil, cujo tema é: "Vocação e discernimento",[1] o desafio de implementar, em seu processo de acompanhamento, a qualificação e o desenvolvimento para reestruturar os caminhos de acompanhamento, bem como estruturá-los a partir da ótica da sensibilidade, do cuidado e da atenção. Necessitamos buscar novos caminhos, como afirmou o assessor do Congresso, Amedeo

---

[1] IV Congresso Vocacional da Igreja no Brasil, realizado no Centro de Eventos Padre Vitor Coelho de Almeida, no complexo do Santuário de Aparecida do Norte (SP), de 5 a 8 de setembro de 2019.

Cencini, em sua palestra: "O mundo que deixamos para trás não voltará, por isso, não se deve trazer coisas antigas para o hoje. Pois a fé é sempre nova, e o Deus que se revela hoje é sempre novo".

Sabemos que a animação vocacional, pela sua natureza e foco, tem como principal destinatário os jovens. Nesse sentido, a primeira responsabilidade é cuidar da pessoa em sua dimensão integral. O animador vocacional necessariamente precisa entender o jovem, de forma a perceber seu contexto e seus desafios. O entendimento exige alguns passos, como se aproximar, escutar, conhecer, caminhar com esses jovens, gerar confiança, comprometer-se e revelar a eles a pessoa de Jesus Cristo. Essa é a missão da animação vocacional, ser canal, ponte, mediação entre o processo de amadurecimento do indivíduo e sua aproximação com Cristo.

Ao abordar a realidade juvenil, Cencini destacou que se "há uma geração incrédula é porque não há figuras de referências próximas; os adultos são imaturos na fé; há comunidades sem senso de pertença e compromisso missionário". Ao falar da sensibilidade vocacional, ele lembrou que ela "surge do desejo interior de buscar sentido na vida. Trata-se de uma intervenção que visa formar nos jovens uma atitude/disponibilidade em várias áreas de sua vida. Não é algo isolado que surge espontaneamente". O assessor afirmou, também, que "se uma atividade pastoral não ativar um processo vocacional, ela não é cristã".

Mediante essa reflexão, os animadores vocacionais têm nas mãos uma grande oportunidade de ressignificar e de criar novos caminhos para a animação vocacional, capazes de responder e de adaptar-se aos tempos que vivemos, acolhendo os jovens e dando-lhes a possibilidade de formarem um olhar integral sobre a questão.

Introdução

O Congresso Vocacional representou um período especial em que os animadores vocacionais do Brasil tiveram a oportunidade de indicar, refletir e aprofundar os inúmeros cenários em que estamos engajados, bem como analisar o que temos ofertado por meio dos processos de animação vocacional. A questão central neste momento consiste na lógica do aprimoramento, em analisar nossas práticas e intensificá-las, e em nos perguntarmos se elas respondem aos apelos da atualidade.

A Igreja de Cristo sempre pode cair na tentação de perder o entusiasmo porque já não escuta o chamado do Senhor para o risco da fé, a dar tudo sem medir os perigos, e volta a buscar falsas seguranças mundanas. [...] Necessitamos de projetos que os fortaleçam [os jovens], os acompanhem e os impulsionem ao encontro dos outros, ao serviço generoso, à missão (ChV, 30; 37).

A obra *Despertar para a vocação* deseja não só ser uma resposta concreta a esses apelos surgidos no Congresso, mas, sobretudo, colaborar com o animador vocacional e estimulá-lo no aprofundamento, qualificando os processos e as ações vocacionais. Se olharmos a animação vocacional com visão estratégica, compreenderemos o quanto ela pode ser uma via de intervenção direta na vida das pessoas. O projeto de vida emerge como um componente central e essencial, e é por meio dele que podemos evoluir no aspecto de amadurecimento. O papel do animador vocacional está fundamentado no cuidado integral da pessoa que se coloca no caminho vocacional.

Este livro apresenta três eixos centrais que funcionam como critérios para iniciar um caminho de acompanhamento vocacional, o qual envolva essa dimensão integral: identificação, consciência e encanto. O acompanhamento vocacional deve

Despertar para a vocação

essencialmente ajudar a pessoa a desenvolver-se nesses âmbitos. Afinal, o que se espera de um jovem ao final de um processo vocacional? Esses três eixos podem nos ajudar a responder a esta pergunta. O que podemos aprofundar é justamente o que oferecemos aos vocacionados para que eles cheguem a um nível seguro e maduro no percurso do processo vocacional.

Além desses elementos, encontraremos luzes e pistas que nos desafiam, como animadores vocacionais, a nos estruturarmos de maneira estratégica. Para além das práticas operacionais, perceberemos o sentido de estarmos nessa missão, como também reconheceremos nosso papel nesse processo, nutrindo-nos para continuar com o propósito do acompanhamento.

CAPÍTULO I

Despertar para o sentido da vida

A palavra "despertar" tem como sinônimos acordar, manifestar, induzir, instigar, avivar, ativar, iniciar, provocar. No itinerário vocacional, o despertar representa a primeira etapa, que é a abertura do caminho vocacional a ser percorrido. Esse é um momento marcante na vida das pessoas, por apresentar valores fundamentais para o sentido da vida.

Em uma perspectiva bíblica, podemos perceber no ministério apostólico de Jesus Cristo sua forma de despertar vocações. Em Mateus 4,18-22, Jesus toma a iniciativa de ir ao encontro das pessoas, percebendo a realidade ao seu redor. Nesse contexto, ele enxerga dois irmãos pescando. O olhar de Jesus é estratégico, ele necessita de mais pessoas para anunciar seu Reino, e sensivelmente percebe nesses dois discípulos a capacidade de colaboração. Sem hesitação, chama-os: "Segui-me, e eu farei de vós pescadores de homens". Os discípulos, atentos ao chamado, despertam para o seguimento e respondem com inteireza: "Eles, imediatamente, deixaram as redes e o seguiram".

Inspirado em Jesus, que chama pelo nome, conhece o contexto e desafia os discípulos a segui-lo, o animador vocacional deve ousar, sair de seu espaço cômodo, ir ao encontro dos jovens, percebê-los, conhecê-los e ousadamente lhes propor a possibilidade de viver a vocação. É necessário despertar a atenção dos adolescentes e jovens para iniciar um caminho em vista da elaboração do seu projeto pessoal, tomando consciência do sentido de sua vida, bem como para visualizar as inúmeras opções e onde desejam centrar suas energias e atenções.

Nesse sentido, o despertar vocacional pode ocorrer mediante inúmeras iniciativas de nossa Igreja, com destaque para as pastorais sociais, as pastorais das juventudes e as catequeses. Esses movimentos proporcionam uma apresentação do "Evangelho da vocação", uma possibilidade de desenvolver a experiência do encontro com o Senhor ressuscitado. Podemos afirmar que o despertar ocorre quando ações desse tipo são realizadas. Compreendemos que a animação vocacional é um dever para todos os batizados e batizadas da nossa Igreja.

"A animação vocacional 'nasce do ministério da Igreja e põe-se ao seu serviço'. Por isso, ela precisa ser assumida com vigor por todos os membros da comunidade" (LISBOA, 2003, p. 41).

Ainda refletindo o eixo da comunidade eclesial, acredita-se que a união de pessoas em torno da Palavra de Deus causa um efeito de desenvolvimento espiritual e de amadurecimento antropológico, transformando o indivíduo, estimulando-o e proporcionando uma experiência básica para o despertar vocacional. Portanto, uma comunidade eclesial viva, atuante, com pessoas envolvidas, alegres e comprometidas, pode ser a base fundamental para o despertar vocacional.

Sendo a comunidade esse espaço fértil, o jovem se faz sensível ao chamado vocacional e consequentemente se torna capaz de interrogar-se sobre o sentido de sua vida. Esse é um passo significativo para o despertar vocacional, permitindo a esse jovem responder a suas inquietudes. Podemos entender que o despertar, portanto, é o desabrochar para um caminho intenso e necessário ao desenvolvimento pessoal de cada ser. O principal efeito desse movimento é o protagonismo juvenil, que começa imediatamente a dar sinal de consciência e pertença à Igreja. Entende-se, nesse sentido, que é necessário um caminho de mão dupla em que a Igreja vai até o jovem e, reciprocamente, este vai até a Igreja.

Diante disso, compreendemos que o despertar compõe um conjunto de ações necessárias e pertinentes aos jovens, que são desafiados ao exercício do chamado, pois necessitam escutar que são desejados e queridos pela Igreja. Sendo assim, todos os animadores vocacionais precisam reconhecer o espaço eclesial como o lugar fértil onde brota a vocação e germina o desejo de evangelizar.

É fundamental considerar que cada jovem tem seu tempo, seu contexto, sua realidade; por isso, convém respeitar o desenvolvimento de cada um de forma particular. Em todo o itinerário vocacional, pode-se oferecer processos que o estimulem em seu desenvolvimento humano, ofertando-lhe potencialidades para decidir com segurança o que deseja na vida.

O chamado, o tempo e o processo

Caracterizado pela força do testemunho e a subjetividade do encanto, o despertar vocacional é o caminho inicial para elaborar um projeto com foco e atenção no que se deseja, no que se sonha e no que se idealiza para a vida. Podemos compreender que despertar significa, acima de tudo, acordar, sair do sono, da dormência, abrir-se ao novo, sentir a si mesmo e inovar as energias. Essa compreensão é fundamental para pensarmos o despertar como um movimento de vitalidade, um momento de luz de ideias e ideais, uma inspiração.

Para o autor José Lisboa, o despertar, como primeira etapa do itinerário vocacional, tem como princípio levar todas as pessoas que fazem parte da comunidade cristã a tomar consciência de que são chamadas pelo Pai, por meio de Jesus Cristo e sob a ação do Espírito Santo, para uma missão bem específica na Igreja (LISBOA, 2003, p. 85). Corroborando com Lisboa, os animadores vocacionais podem considerar que essa etapa tem uma singularidade dentro do itinerário, pois sua identidade passa pela compreensão de que, como cristãos, temos uma grande missão na Igreja, independentemente da vocação específica que desejamos viver.

Considerando essa reflexão, é possível aprofundar o tema do despertar vocacional a partir de três eixos primordiais para nosso apostolado vocacional: *o chamado, o tempo e o processo.*

Chamado

A palavra "chamar" nos remete à ideia de responder a algo, de realizar algo; é concreta. Chamar implica clamar por alguém, manter a atenção em alguém. Neste livro, essa palavra é fundamental, simbólica e prioritária, pois, por meio dela, empreendemos nossa missão como animadores vocacionais. A animação vocacional tem como centralidade em sua missão o desafio de chamar para valorizar o sentido da vida, ou seja, vivenciar ao longo da história a relação misteriosa entre o divino e o humano. De alguma forma, Deus intervém em nossa vida

Despertar para o sentido da vida

constantemente, e sua presença é sutil, mostrando-se presente nas pequenas coisas e nos inúmeros gestos de compaixão que presenciamos.

No Evangelho de Lucas 6,12-19, Jesus realiza o chamado dos apóstolos. Essa perícope pode ser uma inspiração para nós, animadores vocacionais, pois, notem que, antes de chamar, Jesus passa a noite em oração, desenvolve o ato de intimidade espiritual de Filho para Pai. Ao realizar o chamado, ele nomeia os discípulos. Esse gesto destaca dois movimentos importantes na dimensão do chamado: *a relação com Deus*, uma atitude fundamental ao animador vocacional. Podemos nos perguntar como essa relação acontece? Quanto tempo dedicamos a ela? Podemos afirmar que esse movimento é fundamental para o animador vocacional. Jesus também dá nome aos discípulos, indicando a *intimidade relacional que existia entre ele e seus companheiros*. Havia uma relação de proximidade, de conhecimento, de confiança, de acolhimento, respeito e intensidade no que empreendiam juntos, o que fez com que Jesus os nomeasse como apóstolos e anunciadores do Reino.

Chamar pelo nome é uma expressão que exige abertura para escutar, conhecer e confiar, especialmente enquanto animador vocacional. Podemos parar e pensar que hoje a Igreja nos convoca a ser sinais de vida no meio dos jovens. Consequentemente, precisamos exercer a nobre missão de chamá-los, e pelo nome. Nesse sentido, a fase do despertar emerge como um projeto para ajudar as pessoas a encontrarem sentido na vida. Isso pode ser um fator determinante para assumirmos esse compromisso com muita seriedade, pois, se não entendermos que vocação é encontrar sentido na vida, não poderemos levar adiante o projeto vocacional.

Para nos ajudar a refletir sobre isso, podemos pensar no roteiro de uma viagem. Fazer uma viagem é algo muito simplório, mas aqui apresento detalhes desse roteiro, seja para qual for o lugar, seja com que motivação. Ao organizar uma viagem, existe uma intenção, e é essa intenção que faz com que o indivíduo a planeje. Em muitas situações, preparamos tudo com bastante antecedência, mas, às vezes, em razão da urgência, a viagem precisa ser rapidamente organizada, ou, até mesmo, nem tempo se tem para tal. No contexto da reflexão anterior sobre o chamado, podemos relacionar a viagem como uma via de interação com os jovens. A intenção seria propor-lhes o caminho da elaboração do projeto de vida que, por fim, exigirá um planejamento. Aí está a razão principal para chamar os jovens: é preciso planejar, ter claro o que desejamos propor.

O planejamento é uma boa opção para diminuir o cansaço na animação vocacional e dará mais chances de sucesso nas escolhas de vida desejadas pelos jovens. Por fim, para realizar o chamado é fundamental planejar. Por meio desse chamado, entendemos que temos um propósito de vida, compreendemos que ela precisa ter sentido e, imediatamente, lhe atribuímos características, personalidade, modos e identidades. Se compreendermos que, pela relação entre divino e humano, Deus nos chama à vida, então, entenderemos que precisamos dar a ela o sentido que merece ter.

Tempo

Podemos afirmar que compreender e organizar o tempo de forma que os processos vocacionais sejam vivenciados com intensidade é um grande desafio e, ao mesmo tempo, um grande aliado do animador vocacional. Na pedagogia vocacional,

Despertar para o sentido da vida

entendem-se como eixos fundamentais do acompanhamento vocacional as etapas, as fases e, também, os ciclos, que precisam ser distribuídos ao longo de um período, de forma a ajudar o vocacionado a amadurecer e a progredir em sua busca.

O acompanhamento vocacional é de responsabilidade do animador vocacional, e é vivenciado, degustado e experimentado pelo vocacionado; por essa razão, é fundamental entender que o tempo de quem está sendo acompanhado é diferente daquele de quem acompanha. Poderíamos justificar esse dilema a partir de duas reflexões: primeiro, pode ser que, como acompanhadores, estejamos à frente de quem está sendo acompanhado, não proporcionando a esse indivíduo um tempo adequado para que aprofunde valores e temas importantes para o ciclo, para o momento que está vivenciando. Segundo, há também a possibilidade de os acompanhadores estarem mais lentos do que os acompanhados, ou seja, o acompanhamento pode estar causando fadiga, cansaço, indisposição, mesmice, o que pode gerar afastamento do vocacionado.

No decorrer do acompanhamento, poderíamos usar a palavra "sensibilidade", que está diretamente ligada ao animador vocacional. Nesse período, é essencial que o animador dinamize todo o acompanhamento, flexibilizando processos, enriquecendo reflexões, proporcionando experiências significativas e, sobretudo, entendendo o movimento de crescimento e amadurecimento de quem está sendo acompanhando. Ser sensível é justamente se apropriar desse conjunto de elementos e fazer com que eles sejam reforçados, estimulados, alimentados ao longo do caminho vocacional.

Contudo, precisamos compreender que o tempo do vocacionado não é o mesmo que o nosso, nem muito menos o tempo de Deus. Estamos falando de dimensões antagônicas que se complementam no exercício de ser e de sentir a vida. A percepção desse movimento se dará à medida que a sensibilidade for aguçada, a ponto de reconhecer a riqueza que cada ser impõe neste universo.

Processo vocacional

Chamamos de processo vocacional todas as iniciativas, projetos e ações pensados para estimular, desenvolver e acompanhar o vocacionado. Nesse sentido, compreendemos que alguns elementos são essenciais e devem ser levados em conta, justamente para fortalecer e favorecer o equilíbrio entre as dimensões pessoais e coletivas. Os processos precisam conter uma sequência pedagógica, tendo conexões adequadas e apresentando os ritmos e o desenvolvimento do vocacionado. Pelos processos, é possível perceber o amadurecimento e o crescimento, bem como se pode favorecer os jovens para que façam opções claras e conscientes.

Muitas de nossas ações vocacionais acabam em cansaço, estresse, desânimo, sem gerar os resultados esperados. Nesse sentido, ao atuar com animação vocacional, precisamos avaliar todas as nossas ações, sobretudo, se elas estão em âmbito *estratégico ou operacional*. Isso nos leva a pensar na pedagogia vocacional. Há algumas perguntas que nos podem ajudar com relação a isso: que projetos e ações existem na animação vocacional da sua diocese? Da paróquia? Da congregação religiosa? Como eles estão organizados? Qual é a ordem pedagógica? Qual é o objetivo? Aonde queremos chegar com esses projetos e ações? Quem os lidera? Entende-se que pedagogia vocacional é o caminho pelo qual desejamos conduzir o vocacionado a uma opção de vida.

Despertar para o sentido da vida

Nesse caminho, há um movimento de cumplicidade, de confiança entre o animador vocacional e o jovem, de tal forma que alguns pontos vão se estruturando como elementos centrais, tais como: construir um projeto de vida, encontrar sentido na própria vida e ter clareza nas opções almejadas. O que seria, então, projeto estratégico e projeto operacional? Como distingui-los?

O *projeto estratégico* requer um olhar abrangente, priorizando o que realmente pode ser eficaz e perspicaz na missão da instituição. Nesse sentido, ele está ligado a fatores de valor, como as prioridades, os sonhos, o carisma e a missão institucional. É como definir um *macroprojeto* que torne visível o objetivo, as metas, os ideais e as propostas de atuação. Na perspectiva estratégica, é necessário concentrar atenção naquilo que pode ser uma força real, investindo atenção em um macroprojeto.

Os *projetos operacionais*, organizados pedagogicamente, fortalecem a abordagem estratégica ao apresentarem objetivos, justificativas, fundamentação teórica, metodologia, desenvolvimento, possibilidades de execução. Eles são devidamente alinhados com o caminho apontado pela estratégia. O projeto operacional demarca fases, ciclos, em que o destinatário compreende que está vivenciando um caminho de aprendizagem e desenvolvimento. Para isso, ele não pode queimar etapas, pois precisa vivenciar cada uma delas intensamente. São os projetos operacionais que irão produzir esse efeito, ajudando o destinatário a encontrar sentido no caminho percorrido.

Existem também as *ações operacionais*, que são instantâneas, rápidas e menos intensas do que os projetos. Elas acontecem para iluminar, animar, aprimorar e qualificar a abordagem estratégica. O objetivo principal é sair do eixo da "normalização", tornando o caminho percorrido profundamente criativo, inovador e animador. As ações operacionais são atividades pontuais em momentos especiais.

Uma vez que a animação vocacional é um caminho estratégico, é preciso que constitua elementos centrais e transversais em todos os projetos operacionais que compõem esse percurso. Por isso, é importante a presença significativa do animador vocacional para ajudar o vocacionado a compreender-se nos âmbitos familiares, sociais, subjetivos e motivacionais. Tendo em vista a compreensão da pessoa que está vivenciando esse caminho, é importante considerar os seguintes aspectos:

– Aspectos familiares: busque conhecer aspectos que sejam relevantes em relação à família do vocacionado: situação familiar, condições financeiras, relacionamentos do núcleo familiar, como também do vocacionado com outros parentes. Quais são as experiências significativas que o indivíduo apresenta sobre sua história familiar? Como se dá a relação com seus familiares hoje? De que forma ele percebe a ação de Deus em sua história de vida e familiar?

– Aspectos sociais: entenda como se dá o relacionamento social do vocacionado, quem são seus amigos e amigas, qual sua participação em grupos sociais e eclesiais, se há alguma experiência de trabalho remunerado, se há facilidade de relacionamento, de empatia. Perceba como o vocacionado estabelece ligação com outras pessoas e qual seu grau de interesse e de maturidade nos relacionamentos.

– Aspectos subjetivos: procurar saber quais são as características principais da pessoa. É importante que o animador vocacional conheça a personalidade do vocacionado: abertura pessoal, comportamento e temperamento, empolgação com a vocação, capacidade de empenho e generosidade, aspectos afetivos importantes. Contudo, também se faz necessário verificar as motivações da pessoa, de que forma acontece sua experiência eclesial, sua vida de fé, quais práticas sacramentais essa pessoa desenvolve ou já desenvolveu em sua vida, como viveu ou vive seu processo catequético na Igreja. Buscar saber se existe interesse e motivação para práticas de orações pessoais e se esse jovem tem uma relação de intimidade com o Evangelho, conectando-o com sua história de vida e seus ideais hoje.

– Aspectos motivacionais: sondar sobre as primeiras motivações, o que levou o jovem a fazer um caminho vocacional. Procurar saber o que ele pensa sobre seu projeto pessoal de vida e o que o motiva a seguir uma vocação.

Tendo em mãos esse conjunto de informações, o animador vocacional terá elementos concretos para iniciar um acompanhamento vocacional. É importante destacar que esse acompanhamento é também um processo de orientação. Nesse sentido, é fundamental saber quais são as funções de uma orientação vocacional e profissional.

Dados pessoais do vocacionado[1]	
Nome:	Idade:
Endereço e telefone:	Escolaridade:

---

[1] Instrumento de percepção do animador vocacional em relação ao processo vocacional do jovem. Pode ser explorado com outros elementos, mas deve sistematizar e qualificar a prática de acompanhamento.

Despertar para a vocação

Dados pessoais dos familiares
Nome do pai: Profissão:
Nome da mãe: Profissão:
Número de irmãos e irmãs:
Informações adicionais:
Aspectos familiares (Descreva brevemente os aspectos relevantes em relação à família do vocacionado: situação familiar, condições financeiras, relacionamentos na família e com os demais parentes, além de outros aspectos importantes.)
Aspectos sociais (Descreva brevemente o relacionamento social do vocacionado: seus amigos e amigas, sua participação em grupos sociais e eclesiais, se há alguma experiência de trabalho remunerado, se há facilidade de relacionamento, de empatia, além de outros aspectos relevantes.)
Aspectos subjetivos (Descreva brevemente alguma informação relevante quanto à personalidade do vocacionado: abertura pessoal, comportamento e temperamento, empolgação com a vocação, capacidade de empenho e generosidade, aspectos afetivos importantes e outros.)
Aspectos motivacionais (No âmbito geral, com intenção de ajudar a animação vocacional e as demais instâncias no discernimento sobre o processo do vocacionado, ofereça um parecer de suas percepções, a partir do acompanhamento feito com o jovem. Destaque o que achar mais relevante e sinalize sua percepção sobre as motivações vocacionais do jovem com relação à opção desejada.)
Nome de quem emitiu o parecer
Data e assinatura

CAPÍTULO II

Pedagogia vocacional: caminho de orientação vocacional e profissional

Normalmente, as pessoas estão à procura de orientação vocacional ou profissional, e, nesse sentido, podemos reforçar que a orientação pode ser realizada em diversos cenários, desde um acompanhamento pastoral até uma orientação psicopedagógica, bem como experiências de avaliação psicológica ou psicoterapia de longa duração. Uma vez que a orientação vocacional ou profissional é um campo vasto de atuação, faz-se necessário que o animador vocacional adquira habilidades e competências para exercer tal função. O foco deve ser proporcionar ao jovem maturidade emocional, equilíbrio e motivação consistente nas opções desejadas. A orientação vocacional, por sua vez, é um caminho de desenvolvimento pessoal em que se estabelece um compromisso consigo mesmo, o qual é modelado pela elaboração do Projeto Pessoal de Vida.

No âmbito da psicologia, podemos buscar elementos e aspectos relevantes da psicologia do desenvolvimento humano que podem ser usados como fonte para nos preparar para a orientação vocacional/profissional. Ao mergulhar nesse âmbito, podemos compreender que o desenvolvimento humano compete a todos nós. Para sermos orientadores, também precisamos de orientação, de cuidado, de modelar nosso autoconhecimento, de nos impulsionar a qualificar nossa prática de acompanhamento. O objetivo da orientação vocacional subentende um encontro entre o indivíduo e a maturidade, pois esse é um sinal de que a orientação teve seu caminho pedagógico bem definido. "A psicologia, por sua vez, tem um importante papel de ajudá-lo a compreender-se no equilíbrio entre o que se deseja e o que se pode viver" (CERICATTO et al., 2017).

> O conceito de "maturidade", na teoria desenvolvimentista de Donald Super (1963), está associado a uma "prontidão" do indivíduo para tomar decisões de carreira. A partir de uma perspectiva social, a maturidade vocacional pode ser definida como a comparação entre as tarefas evolutivas com que o indivíduo se defronta e aquelas esperadas com base em sua idade cronológica (CERICATTO et al., 2017).

A orientação vocacional ou profissional é um caminho para ajudar a pessoa a encontrar-se. O encanto, a consciência e a identificação são elementos centrais quando alguém toma uma decisão. Portanto, esses elementos, na pedagogia vocacional, podem ser chamados de "chaves centrais" que o processo vocacional pode empreender em seu caminho.

– *Chave da consciência*: quando se tem clareza, quando se conhece, quando se sabe dos riscos e das riquezas da opção desejada, tomar consciência é saber que a responsabilidade pela opção é única e exclusivamente da pessoa que a fez. Consciência é um exercício de clareza vocacional interior, algo que nos predispõe a assumir as consequências. Consciência é estar plenamente presente na realidade, compreendendo o que está sendo deixado para trás e o que está sendo obtido com a escolha feita.

– *Chave da identificação*: acontece quando existe um equilíbrio entre o que se deseja e as motivações que estão no coração de quem está fazendo a escolha. Identificar significa constituir uma aliança, um vínculo carismático, assumir um compromisso, de tal forma que o "eu e a escolha feita" se conectem profundamente. Identificação pressupõe o ato de reconhecer-se diante do que se quer, do que se deseja para viver, e esse misto de sensações é fundamental para o processo vocacional.

– *Chave do encanto*: acontece quando nossos "olhos brilham", "nosso coração se aquece", "nosso corpo estremece". Essas expressões, tipicamente cotidianas, ajudam a entender que o encanto é um profundo enamorar-se. Esse é um impulso que nos motiva, nos faz buscar mais da fonte, nos alimenta no desejo de estarmos presentes por inteiro diante do que desejamos para a vida. Encantar é vibrar, entregar-se inteiramente, sem medidas, corajosamente, vivendo a opção vocacional desejada.

Na experiência de orientação vocacional ou profissional, convém ajudar a pessoa a entender se ela está consciente, se se identifica com o que está buscando e, ainda, avaliar se há um verdadeiro encanto com relação ao seu projeto de vida. Para Martins, a orientação profissional/vocacional pode ser descrita como um processo facilitador para a escolha profissional, que engloba o autoconhecimento e o conhecimento das atividades profissionais (MARTINS, 2008).

Certamente, tendo consciência da profissão escolhida, a pessoa será encorajada a enfrentar as consequências que poderão surgir. Havendo identificação, um laço entre o que se deseja e o que se escolhe viver vai sendo construído e estabelecido, e, ao sentir-se encantada pela escolha feita, a pessoa irá apresentar as suas mais profundas motivações. Esse movimento de conscientização, identificação e encantamento é uma dica importante para quem atua, a partir de uma pedagogia vocacional, podendo ser, inclusive, critério avaliativo, quando a pessoa sinaliza sua opção vocacional.

Orientar alguém em âmbito vocacional ou profissional requer um olhar dinâmico sobre todo o processo, pois não dá para fazer isso em apenas uma sessão de acompanhamento; é preciso estabelecer um vínculo, de tal maneira que a pessoa reconheça que está em um caminho de desenvolvimento, de busca, de construção de si mesma. Isso pode ajudá-la a estabelecer uma compreensão que envolve sentido e clareza de que a profissão e a vocação se conectam, complementam-se, e uma não faz sentido sem a outra.

Para Couto, as decisões de uma pessoa devem ser tomadas mediante tempo de discernimento, de autocompreensão, considerando os fatores sociais e pessoais (COUTO, 2014).[1] No âmbito da orientação, é fundamental para quem acompanha traçar esse caminho de desenvolvimento com essa pessoa, qualificando com ela o amadurecimento pessoal, sua conscientização e seu crescimento humano.

É importante compreender que a profissão pode ser vivida em perspectiva vocacional. Quando incorporamos dimensões

---

[1] Artigo coletivo, linha de psicanálise, autores especialistas na área: Luis Flávio Silva Couto, Fábio Santos Bispo, Maíra Barroso Leo.

vocacionais à profissão, ela passa a ser vivenciada de outra forma, a ter aprofundamento e a dar sentido à vida da pessoa. Isso se evidencia quando se vê, no mercado de trabalho, profissionais que exercem suas funções com alegria, leveza, transparência e simplicidade, indicando que têm vocação para o trabalho que exercem. Para Bock, o processo de orientação profissional exige um movimento de busca do "verdadeiro eu". Isso estará presente o tempo inteiro na pessoa que em sua trajetória apresenta sempre a demanda de que precisa de ajuda (BOCK, 2008, p. 28).

Despertar para a profissão como uma vocação

É importante ressaltar que existem diferenças entre a dimensão vocacional e a profissional, e isso é algo que precisa ser esclarecido. Ainda que alguém escolha dedicar sua vida a uma profissão, entregando-se com intensidade a ela, em um determinado momento, merecidamente, terá de se aposentar, justamente porque o exercício da profissão não é eterno; ao contrário, é temporário e livre, sendo possível a mudança de profissão.

Em âmbito social, podemos compreender que a profissão é necessária e fundamental para vivermos, afinal, precisamos dela para atender às nossas necessidades básicas diárias, desde a alimentação à manutenção de nossa casa. Além disso, a profissão ou o trabalho também confere dignidade à pessoa, tornando-a autêntica e organizada, e permitindo-lhe realizar seus sonhos e desejos. Pela profissão a pessoa cresce, desenvolve-se, amadurece e obtém a possibilidade de evoluir. Todavia, em algum momento da vida profissional, ela precisará fazer uma pausa. Nesse sentido, é importante compreender que a escolha profissional implica um planejamento de tempo para vivenciá-la.

Por outro lado, ao refletirmos sobre a dimensão vocacional, podemos considerar o exemplo de ser mãe ou pai. Isso não se trata de uma profissão, mas de vocação, pois é um compromisso eterno, para toda a vida. Para Bock, a noção de vocação, entendida como chamamento interno ou divino, reforça a visão de que há um ser puro que se apresenta em sua personalidade com forças e fraquezas, a partir das relações sociais estabelecidas (BOCK, 2008, p. 29). Essa reflexão sugere que a vocação envolve mais intensamente os sentimentos, a emoção, o sentido de proteção e a compreensão do próprio ser, enquanto, na profissão, a pessoa se ocupa com o fazer.

A palavra "vocação", utilizada no universo religioso, em seu sentido originário significa "chamado, ser chamado a algo, a realizar alguma coisa, a viver algo". É possível ver a profissão como uma vocação, a partir do momento em que alguém se considera chamado a exercê-la. A pessoa expressa suas motivações, com estímulos voltados para tal profissão, o que leva a pensar que ela é realizada como uma vocação, pois há um desejo de dedicar-se inteiramente a essa atividade.

Segundo Valore (2002), o processo de orientação profissional, mais do que um conjunto de procedimentos, é um método de intervenção. Representa uma estratégia do pensamento, uma articulação de conceitos e de proposições que configura um objeto de estudo, e permite uma análise específica. Portanto, para estabelecer um método de orientação profissional, é preciso perguntar-se acerca do seu objeto, de sua identidade profissional.

Na perspectiva teológica, a orientação vocacional necessita estar totalmente imbuída de espiritualidade. Não faz sentido encantar-se, estar consciente e identificado, se Deus não estiver presente; esse processo pode se tornar vazio dentro da pessoa.

Portanto, a orientação vocacional implica perceber de que forma Deus está presente em nossa história (Teografia). Como cuidamos de sua presença em nossa vida? Que tipo de relação estabelecemos com a divindade?

Como ajudar o vocacionado a perceber Deus em sua história? Uma dica interessante para dar esse passo no acompanhamento vocacional é estimular que o vocacionado faça um itinerário espiritual, escrevendo as experiências significativas de sua vida. O animador vocacional, como mediador do processo, irá ajudá-lo a perceber a manifestação de Deus nessas experiências e, sobretudo, auxiliá-lo a estreitar a sua relação de intimidade com Deus, construindo sua Teografia.

No livro *Viver reconciliados*, Cencini (2013) discute sobre a forma como o ser humano vive por meio de diversas manifestações, desde aquelas ligadas a um mal fisiológico até as associadas a uma perspectiva psicológica e moral. Todavia, o autor esclarece, no decorrer do livro, que toda e qualquer manifestação precisa ser ressignificada com o olhar da fé, projetando-nos a um caminho de reconciliação com Deus, ao praticar a alegria e o perdão, e reconhecendo que Deus é fonte de amor e sabedoria para a vida.

Na condição de animador vocacional, necessitamos estar seguros da responsabilidade que cabe a nós, para garantir que a pessoa acompanhada realize o processo verificando seu contexto subjetivo, suas forças e fraquezas, e suas condições para lidar com as escolhas feitas.

Despertar para a vocação

Subsídio de orientação vocacional[2]

Manual do orientador:

1. Conscientizar a pessoa sobre suas motivações, desejos e esperanças, angústias e temores, instigando-a a pensar sobre as demandas sociais, econômicas e políticas da realidade que a cerca, pois a opção precisa ser consciente.

2. Auxiliar no autoconhecimento, de forma que a pessoa desenvolva capacidade de equilíbrio e maturidade suficientes para aceitar críticas, superar impasses, pessimismos, desânimos, censuras sociais etc.

3. Instigar o pensamento crítico sobre as escolhas, relacionando valores, importância e necessidade ou não dessa opção no projeto de vida.

4. Levar a pessoa a refletir sobre si mesma, analisando suas características, explorando sua personalidade e aprendendo a escolher e abordar situações conflitivas.

5. Exercer a prática de sábios questionamentos, oportunizando a pessoa a realizar escolhas assertivas.

6. Estimular a pessoa a organizar-se, de forma a ter disciplina nas rotinas do dia a dia, assumindo suas atividades com intensidade e compromisso.

7. Propiciar compreensão de que a escolha feita será decisiva para seu sucesso pessoal e profissional.

8. Fazer a pessoa compreender que é necessário organizar seu projeto pessoal de vida, e que ele pode ajudar no caminho do amadurecimento.

---

[2] A pedagogia vocacional exigirá do animador vocacional métodos de acompanhamento e orientação; e é com o intuito de atender a essa demanda que este livro traz modelo.

Instrumento de orientação vocacional e profissional

Esse instrumento pode ser adaptado e reestruturado, conforme o contexto em que o orientador estiver atuando. É fundamental analisar todas as variáveis e definir um período em que elas possam ser avaliadas em conjunto com a pessoa, de tal maneira que a estimule no desenvolvimento e no amadurecimento pessoal.

Atenção às perguntas	História De onde vim?	Subjetividade Quem sou?	Futuro Para onde vou?
História pessoal e familiar Observar como a pessoa fala sobre si mesma. Que pontos são relevantes (fortes). Que marcas ela carrega.			
Relação interpessoal Que aspectos a pessoa destaca de sua relação com os outros. Que valores ela apresenta? O que é inegociável e o que é negociável para ela?			
Espiritualidade Como é a relação da pessoa com Deus em sua história de vida? Quem é Deus para ela?			
Afetividade e sexualidade Como a pessoa lida com seu corpo? Quais os princípios que ela tem com respeito a esse tema?			

Equilíbrio emocional Como a pessoa lida com os próprios sentimentos, desejos, medos, angústias.			
Opção de vida Consciência, identificação e encanto. Observar a história, as motivações atuais e o que a pessoa deseja.			
Relação eclesial Desafios e entraves que impedem a pessoa de caminhar em unidade.			
Compromisso pessoal Que compromissos a pessoa deseja assumir no seu dia a dia.			

Observação:

1. O instrumento ajudará a conhecer de forma sistematizada a realidade da pessoa.

2. O acompanhamento poderá ajudar a qualificar o que foi sinalizado desde a primeira orientação.

3. É importante considerar uma linha de acompanhamento, de tal forma que a pessoa vá percebendo seu desenvolvimento.

CAPÍTULO III

Acompanhamento vocacional: do caos ao projeto de vida

Devido à pandemia da Covid-19, as ações vocacionais foram extremamente comprometidas. Ficamos imersos em um profundo caos, inseguros, incertos, feridos, sendo desafiados a nos reinventarmos em ações e atitudes diante da dimensão vocacional. Chama a atenção esse contexto de "caos". O que é o caos? Como lidamos com o caos? De que forma o caos nos afeta?

De acordo com o dicionário virtual, "caos é a mistura de coisas ou ideias em total desarmonia; confusão", é desorganização. Diante do contexto da pandemia, é preciso entender todas as variáveis que nos afetaram, desde aspectos sociais, políticos, econômicos, culturais e relacionais. Nesse sentido, entender o nosso contexto implica tomar consciência dos pontos que estão em situação de caos e como reagimos a eles.

Um passo importante para o processo de acompanhamento vocacional é conhecer bem o vocacionado, o contexto em que ele está inserido, seus gostos, seus sentimentos, suas motivações, bem como entender sua rotina de vida, seus hábitos, o que pode ser negociável ou não. Quanto mais se conhece a pessoa, mais qualidade terá o acompanhamento. A compreensão do contexto é uma dimensão estratégica para o acompanhamento, pois o contexto (ambiente) em que o vocacionado vive repercute muito no que ele sente, nos ideais e no propósito de vida que busca. Quais os impactos que a pandemia da Covid-19 provocou nos jovens? Já pensamos nisso, enquanto animadores vocacionais? Necessitamos olhar atentamente esse elemento.

Outro aspecto estratégico para o acompanhamento é a rotina de vida da pessoa, como ela se organiza, quais são suas prioridades, qual é seu ritmo? É fundamental o entendimento da rotina justamente para ajudar a equilibrar o tempo gasto nas diversas áreas da vida: horário dedicado ao trabalho, aos estudos, à família, aos amigos. Como esses elementos se organizam na rotina? Como priorizá-los e em que ordem? Que valores são garantidos na vivência dessa rotina? Eis algumas das perguntas a serem feitas.

Quando não acontece esse equilíbrio, corre-se o risco de concentrar todas as atenções em apenas um aspecto, como, por exemplo, trabalho, gastando todas as energias somente nisso e, consequentemente, prejudicando outros elementos que poderiam ajudar a enriquecer nossa vida. Por exemplo, ao focarmos exclusivamente no trabalho, nossa família de imediato reage, sentindo nossa falta. Essa é uma das consequências de focar somente em um elemento da rotina. Portanto, o acompanhamento realizado de forma estratégica pode ajudar a pessoa a criar mecanismos de organização, sendo o projeto de vida um deles.

Concentrar-nos somente em uma determinada área nos coloca em uma situação confortável, porém, ficamos à mercê do estresse, do cansaço, da tentação de nos tornarmos rotineiros e monótonos em nossa forma de pensar e agir. E o isolamento

Acompanhamento vocacional: do caos ao projeto de vida

social foi algo que agravou exageradamente esse cenário. Diante disso, nossa vida corre o risco de ficar caótica, e, para que isso não aconteça, precisamos de elementos que nos ajudem a buscar equilíbrio, priorizando o que é essencial para nossa vida. Por essa razão é que o projeto de vida se torna um instrumento necessário.

Mas como fazer um projeto de vida? Podemos pensar em algumas premissas que antecedem sua elaboração: disposição, querer, disciplina, avaliação, entusiasmo, desejo de mudança, abertura, diálogo e muita força de vontade para concretizar o que se deseja para o projeto. O primeiro passo envolve criar atos de organização e disciplina, pois isso ajudará a estabelecer um ritmo de programação capaz de garantir dimensões fundamentais ao dia a dia. Para dar forma ao projeto de vida, é preciso dedicar tempo, reunir informações, dialogar, discutir os pontos essenciais e inegociáveis. É fundamental que o indivíduo crie um projeto de vida que integre valores e elementos fundamentais à sua rotina de vida.

Portanto, é crucial criar um cronograma durante o acompanhamento, permitindo reuniões mensais para dialogar sobre os pontos essenciais eleitos e as datas principais das atividades que se deseja realizar durante o ano. Além disso, é importante garantir momentos de avaliação e buscar novas perspectivas para a vida.

Veja, a seguir, as orientações que podem auxiliar a encontrar outros elementos essenciais para enriquecer o projeto de vida.

– Destacar textos bíblicos (pequenas passagens ou frases bíblicas) que possam servir de iluminação para a vida.

– Ressaltar quais são os valores fundamentais da vida e aqueles que se deseja implementar na relação interpessoal.

Despertar para a vocação

– Definir o funcionamento e a organização da própria casa. Identificar responsabilidades comprometidas com as tarefas domésticas.

– Estabelecer pontos essenciais e criar metas e prazos para cumpri-los. Pensar sobretudo nas estratégias e nos meios para que esses pontos essenciais sejam vivenciados com intensidade.

– Elaborar uma carta para si mesmo, falando dos próprios sentimentos, sonhos, ideais, das próprias forças e fraquezas. Ler essa carta após cinco meses e avaliar o próprio desempenho.

Despertar para construir um projeto de vida

Certamente, ao desenvolver um projeto de vida, a pessoa deve levar em consideração seu perfil, sua identidade, seu modo de ser e de sentir, suas características. Todos esses elementos são fundamentais na perspectiva do projeto de vida.

De acordo com Birolo, o projeto de vida "nasce das interações entre o fortalecimento da identidade pessoal e da autoestima, a consciência da responsabilidade pessoal para com a conquista de melhorias, e o vislumbre de oportunidades ou perspectivas de futuro" (GOMES et al., 2016).

A elaboração de um projeto de vida requer um aprofundamento sobre o que se deseja trilhar na vida. O processo de preparação para lidar com a opção almejada é feito na orientação vocacional/profissional. Quando a opção é vocacional, as chances de sucesso são maiores, justamente porque, ao falar de vocação, a pessoa está sendo motivada a compreender que entre ela e sua escolha existe uma convicção mais profunda.

Acompanhamento vocacional: do caos ao projeto de vida

Quando alguém quer construir uma casa, contrata um profissional para planejar tudo que será necessário fazer antes de começar as obras. Esse profissional irá também montar um projeto arquitetônico com base nos desejos de seu cliente. A partir do que for definido, ele terá uma noção de quanto material será necessário e quantos trabalhadores contratará para construir a obra em determinado período de tempo.

Assim, quando a obra for iniciada, os trabalhadores terão um plano a seguir. Caso não houvesse esse planejamento prévio, provavelmente eles não saberiam como prosseguir por não terem conhecimento das instruções dadas por quem encomendou a casa, e muito menos haveria os recursos necessários para a construção. A casa, provavelmente, não seria construída, ou, caso fosse, com certeza não iria satisfazer os desejos do cliente.

Similarmente, na vida, as pessoas possuem metas e planos que desejam realizar. Cada uma tem a liberdade de fazer escolhas e de determinar o rumo que deseja seguir. Contudo, em muitas situações, as escolhas são feitas com base na necessidade, e as rotas podem se afastar do objetivo inicial desejado. Isso é algo que faz muitos ficarem confusos em relação a qual direção tomar, justamente por não terem planejado antes o que desejavam.

O projeto de vida é um plano que, ao ser colocado no papel, fará com que se possa visualizar melhor a direção a tomar e, consequentemente, permitirá alcançar os objetivos desejados. Portanto, é importante ter clareza sobre quais objetivos e metas são necessários ter em mente e, atrelado a isso, definir os valores, pois são eles que nortearão o sentido da vida. Se as metas não estiverem em congruência com os valores mais profundos, dificilmente se encontrará satisfação na vida. Mesmo alcançando as metas, se elas não estiverem em harmonia com o que realmente o "coração" busca, há riscos de enfrentar um vazio interior, que poderá resultar em desequilíbrio mental e desorganização pessoal.

De acordo com Birolo,

> através da construção do projeto de vida, o adolescente pratica o autoconhecimento, pergunta a si mesmo sobre as suas qualidades, limitações, potencialidades, faz planos para o futuro. Ele pode ser definido como "um conjunto de desejos que se pretende realizar e como uma série de planos e etapas a serem vencidas rumo ao ideal que se tem, com vistas à organização e à orientação do próprio futuro". O projeto promove a reflexão do adolescente a respeito de si mesmo, do mundo e como ele se vê nesse mundo, na pesquisa realizada pelas autoras, os resultados mostraram que o Projeto de Vida elaborado pelos adolescentes está fundamentado na tríade educação, trabalho e família (GOMES, 2016).

Dessa forma, compreender a si mesmo, saber o que a vida realmente significa e conhecer seus valores é de fundamental importância no planejamento do seu projeto de vida. Os valores também são passíveis de serem modificados, uma vez que evoluem à medida que a pessoa se desenvolve. A vida é volátil, passa rapidamente e muda constantemente.

O projeto de vida deve responder aos anseios mais profundos do ser. É um instrumento que deve estar em profunda comunhão e coerência com o ser e o fazer. Um exercício fundamental é avaliar a forma de agir e conceber as coisas no mundo, e o projeto de vida é um instrumento que favorece a possibilidade de amadurecimento, desenvolvimento e crescimento.

Orientação vocacional e projeto de vida

Pensando no contexto da orientação vocacional e profissional, a primeira disciplina a ser apresentada na elaboração de um projeto de vida é a organização pessoal, pois isso ajudará a criar um ritmo de programação capaz de garantir dimensões fundamentais ao dia a dia. A organização é um passo necessário ao desenvolvimento humano.

Outro aspecto relevante é o acompanhamento. Toda elaboração de projeto de vida exige esse movimento de ser acompanhado por alguém que possa colaborar no caminho de reflexão, de questionamento e de entendimento de todo o percurso percorrido. Para quem está se construindo, o desafio é ter um olhar amplo sobre si mesmo, tendo em vista que, estando no centro das atenções, será necessário olhar para outros âmbitos e assegurar valores que possam expressar a intensidade de como se vive tudo isso. Segundo Hurtado (2012), o conceito de projeto de vida e projeto vital busca compreender o sentido e os significados das experiências existenciais dos sujeitos. Nesse sentido, a orientação vocacional/ profissional deve considerar o contexto em que a pessoa vive.

Esse olhar ampliado estimula a pessoa a buscar sinergia em vários âmbitos, como, por exemplo: a *relação com o sagrado*, considerando como isso interfere na forma de ser e de crer. Qual é o sentido da relação com o sagrado na história? Como se dá a manifestação divina na vida? Que valores são essenciais para essa relação ser cada dia mais essencial?

No âmbito da *relação com o outro*, é preciso questionar-se de que forma está contribuindo com o desenvolvimento e amadurecimento das pessoas? Se está sendo luz para os demais, desenvolvendo relações capazes de garantir transparência, amizade, cumplicidade, respeito, amor e compreensão?

No âmbito da *relação com a natureza*, refletir sobre como acontece o relacionamento com a terra, com a vida, com o ser? Que valores são vistos como essenciais na constituição dessa relação entre o "eu e a natureza". Como se sente nesse sistema ecológico? Qual é o nível de consciência ecológica que se tem? Vê como valor a sustentabilidade ecológica?

No âmbito da *relação consigo mesmo*, aborda-se a dimensão subjetiva, como forma de refletir sobre como a pessoa se conhece e se percebe. Quem ela é? De onde vem? Para onde vai? São essas perguntas fundamentais para desenvolver constantemente o autoconhecimento. Além disso, o que é essencial ao desenvolvimento pessoal, à forma de ser e de agir?

É importante compreender, na perspectiva da orientação vocacional/profissional, que a pessoa está no centro desses âmbitos, conduzindo o nível de satisfação nessas relações. Quanto maior for o nível de satisfação, maior será o equilíbrio maduro no estabelecimento de relações saudáveis com o sagrado, com o outro, com a natureza e consigo mesmo.

Projeto de vida como elemento de organização pessoal

Considerando a importância do projeto pessoal de vida, apresentarei três aspectos fundamentais. O primeiro é *a história de vida*, onde exploramos as raízes, as experiências marcantes, observando cada ciclo de vida, os elementos que foram enriquecedores, os traumas, as dores, as transformações, as conquistas, as influências, ou seja, tudo que compõe a história sagrada da pessoa em acompanhamento.

O segundo aspecto é o da *subjetividade*, ou seja, como a pessoa se vê no atual momento, que compromissos assume em sua trajetória de vida nas dimensões pessoal, acadêmica, familiar e profissional. Nesse aspecto, é fundamental perceber como essa pessoa se apresenta, de que forma vive, quais são seus desafios, sentimentos, desejos. Como se ela organiza, que valores considera essenciais e inegociáveis.

Por fim, o terceiro aspecto fundamental ao projeto de vida é *o futuro*, a utopia. "Quem sonha vai longe" é um jargão que ajuda a compreender o quanto é importante perceber os sonhos dos jovens, o que eles buscam, o que os move. Esse elemento é estratégico justamente para fortalecer o contexto atual em que vive a pessoa, pois é preparando bem o terreno em que se vive que se alcança o sonho desejado.

Durante a orientação, faz-se oportuno o uso da criatividade. Iremos, então, usar a imagem de uma árvore (ver Figura 1) para representar os aspectos necessários na criação de um projeto de vida.

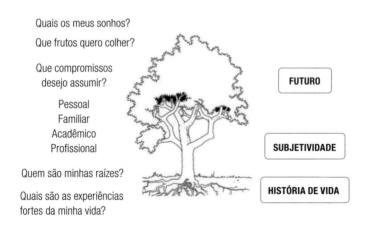

Figura 1. *Ilustração da metáfora da árvore para elaboração de um projeto de vida.*

Os três aspectos são fundamentais para compor um projeto de vida. Considerar a história de vida e aceitar a própria história é um exercício poderoso. Por isso, na imagem, a história de vida está conectada com as raízes. Quando se consegue entender o caminho percorrido na infância, a base de vida é consolidada, com referenciais e dignas histórias que, em sua essência, sejam elas de que natureza forem, precisam ter um olhar de compreensão quanto ao que foi essencial para o desenvolvimento do indivíduo.

No âmbito da subjetividade, alinhado ao tronco da árvore, é necessário pensar nos compromissos que se deseja assumir em áreas específicas da vida. Pode-se também, após algum tempo, avaliar esses compromissos e revivê-los de forma mais amadurecida, mais intensificada. Nesse sentido, é fundamental compreender que o projeto de vida, de tempos em tempos, precisa desse olhar avaliativo para perceber que compromissos têm contribuído no caminho do amadurecimento.

Por fim, o aspecto do futuro, alinhado à copa da árvore, requer um questionamento sobre o que se deseja alcançar. Que frutos desejo colher? Essas motivações concentram-se em metas, direcionando a forma de ser no dia a dia. Em Vigotski, entendemos que esse movimento de escolha exige de nós um exercício de consciência: estar consciente do que desejamos, do que sonhamos e do que buscamos.

A consciência se reflete na palavra como o sol em uma gota de água. A palavra está para a consciência como o pequeno mundo está para o grande mundo, como a célula viva está para o organismo, como o átomo para o cosmo. Ela é o pequeno mundo da consciência. A palavra consciente é o microcosmo da consciência humana (VIGOTSKI, 2001, p. 486).

O desenvolvimento humano também passa pela dimensão da consciência. É fundamental compreender que nossas escolhas podem nos ajudar no amadurecimento; por essa razão, elas precisam ser tomadas mediante tempo de discernimento, reflexão e, sobretudo, com consciência do que se deseja.

O projeto de vida é um instrumento que colabora no caminho do desenvolvimento humano. Nele, a pessoa encontra possibilidades de concentrar as melhores motivações, que, por sua vez, são vocacionais, e isso, consequentemente, ajuda no processo das decisões a serem tomadas. Portanto, é fundamental saber como elaborar um projeto de vida.

A Figura 2 apresenta outro modelo de projeto de vida, com esquema circular. Nesse modelo a pessoa está no centro e, constantemente, estabelece relações que necessariamente precisam ser ressignificadas em todos os momentos da vida.

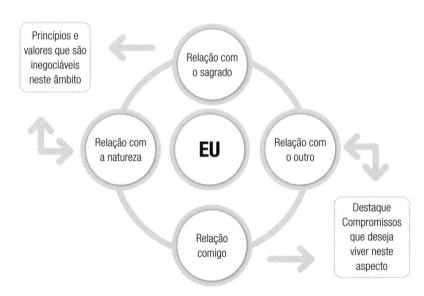

Figura 2. Ilustração de círculos para elaboração de um projeto de vida.

No meu livro *Discernimento vocacional: estratégias, subjetividades e itinerários* (COSTA, 2019), apresento esses elementos de maneira sutil, mas aqui trago um aprofundamento para complementar a ideia.

Ao construir um projeto de vida, será necessário observar as relações, ou seja, de que forma tenho dado valor às relações que estabeleço comigo mesmo, com os outros, com o sagrado e com a natureza. Pensar a respeito dessas relações e organizá-las de uma forma que integre princípios e compromissos no projeto de vida preencherá o ritmo de vida, dando sentido a tudo que se faz. Por isso, o grupo das relações é fundamental ao ser humano.

Ter um projeto de vida pode dar significado à escolha profissional e, sobretudo, ajudar a compreender essa escolha como um propósito de vida. Portanto, quem sou eu na relação com Deus, com o outro, com a natureza e comigo mesmo são questionamentos importantes. Esse é, sem dúvida, um legado que a animação vocacional pode deixar na vida de um jovem em acompanhamento.

CAPÍTULO IV

Estratégias:
cultura do cuidado

É importante compreendermos que, como animadores vocacionais, precisamos constantemente cuidar da própria vocação, das motivações, da espiritualidade, da empolgação com a missão, justamente porque, durante o percurso, estamos constantemente no limiar entre o que planejamos e as expectativas que criamos, o que muitas vezes é sinal de frustrações, pois nem sempre os resultados obtidos são os esperados.

Nesse sentido, um passo importante para o animador vocacional é tomar consciência de que não se pode caminhar sozinho. Por isso, precisamos motivar nossos irmãos e irmãs a construir equipes, no intuito de que possam dividir os desafios, as tristezas, as crises, as alegrias e as conquistas. Dessa forma, é possível aprofundar o que chamamos de "cultura vocacional", a corrente de trabalho em que todos se sentem responsáveis por articular e realizar a ação planejada.

Na ilustração a seguir, podemos compreender a importância de uma equipe e o quanto ela contribui para o desenvolvimento da pessoa. Diríamos que a pessoa, ao optar por seguir sozinha, entra no caminho do "eu inconsciente", tornando-se incapaz de formar uma equipe e, consequentemente, gerando cansaço, desânimo, frustração, solidão e sofrimento. Manter esse comportamento gera desgaste emocional, impulsionando a pessoa a uma crise patológica. O caminho do "eu consciente" estimula a pessoa ao espírito de liderança, reconhecendo a necessidade de ajuda mútua e potencializando o trabalho em equipe.

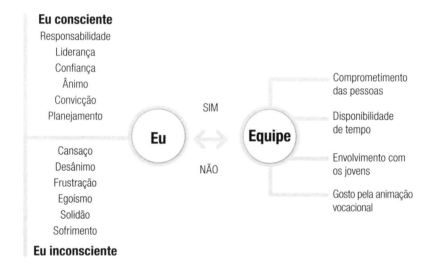

Figura 3. Compreensão da importância de uma equipe vocacional.

Completando esse aspecto fundamental do trabalho em equipe, é possível compreender que, na atuação com a animação vocacional, existem três marcos fundamentais: marco situacional, marco iluminativo, marco operativo.

– *Marco situacional*: análise do cenário e da realidade, identificação da real situação e abrangência das realidades juvenis, das demandas, respondendo a perguntas como: o que já temos? O que falta?

– *Marco iluminativo*: referenciais bíblicos, carisma religioso, frases iluminadoras, missão, identidade institucional.

– *Marco operativo*: projetos, quadro de atividades, cronograma, monitoramento, avaliação.

É muito importante para o animador vocacional ter um referencial, buscar inspiração, e isso é algo que pode ser encontrado fundamentalmente em Jesus Cristo. Portanto, é necessário que se pense em um conjunto de estratégias que favoreçam essa responsabilidade e que estimulem as pessoas a terem vontade de colaborar com os processos vocacionais.

Tendo clareza, consciência e objetividade quanto ao que se deseja e quanto aos processos vocacionais, nossa inspiração fundamental deve ser Jesus, e o nosso olhar de animador vocacional deve estar voltado para seu espírito de liderança. Nesse sentido, refletiremos, a seguir, sobre o caminho de liderança conectado aos compromissos que podem ser estratégicos na atuação com a animação vocacional.

Liderança pessoal

> "Então Jesus disse aos discípulos:
> 'A messe é abundante,
> mas os trabalhadores são poucos.
> Rogai, portanto, ao senhor da messe
> que mande trabalhadores à sua messe!'"
> (Mt 9,37-38)

O convite de Jesus: "Vinde e vede!" (Jo 1,39) é um chamado a todos nós, animadores vocacionais, no sentido de nos desafiar a "sair", a ousar e a acreditar na novidade. Jesus nos ensina a dar passos e a nos aproximar dos jovens com sabedoria e inteireza, sobretudo em âmbito espiritual. Para isso, precisamos observar os nossos compromissos pessoais e questionar: como os estamos cumprindo? Como eles se concretizam na animação vocacional?

Temos o compromisso de desafiar os jovens nos processos vocacionais e, nesse sentido, a tarefa primária de todos os animadores vocacionais é propor corajosamente, pela palavra e pelo exemplo, o ideal de seguimento de Cristo, amparando, depois, a resposta aos impulsos do Espírito no coração dos chamados (cf. PAPA JOÃO PAULO II, 1996, n. 64).

Compromisso pessoal: direcionado ao animador vocacional local, com possibilidades de ampliação ou reorganização por prioridade, sendo vital para que os processos de animação vocacional sejam desenvolvidos.

1. Compromisso e responsabilidade de articular a animação vocacional local.

2. Tomar iniciativas quanto à criação de equipe local formada por diferentes tipos de vocação específica.

3. Fidelidade e perseverança no acompanhamento do grupo e do vocacionado.

4. Assumir e motivar outras pessoas a seguirem o itinerário de acompanhamento.

5. Ajudar os jovens na clareza vocacional e a consolidar o seu projeto pessoal de vida.

6. Cuidar das motivações da própria vocação.

7. Assegurar o cultivo da intimidade com o Senhor.

8. Garantir interação entre as etapas vocacionais.

9. Buscar acompanhamento espiritual.

Liderança compartilhada

"Jesus enviou os Doze
com estas recomendações:
'Proclamai que o Reino de Deus está próximo [...]
De graça recebestes, de graça dai!'"
(Mt 10,5.8)

Jesus acreditava na coletividade, no poder da união, e confiava em seus companheiros. A partir da experiência de Jesus, é possível compreender que, para atuar com animação vocacional, necessitamos de um grupo de pessoas que possam articular, cuidar e desenvolver os processos vocacionais. Esse grupo é desafiado a pensar em processos que estimulem os jovens a acreditar no sentido da vida, para que, durante o processo, tenham a oportunidade de construir um projeto pessoal de vida e, sobretudo, para que possam no decorrer do percurso fazer a sua opção de vida.

A animação vocacional é lugar de acolhimento do jovem, mas também é onde esse jovem se sente questionado, inquieto, desafiado e conduzido ao caminho do amadurecimento, de forma a encontrar respostas acertadas em sua vida. Quando se fala em grupo, podemos pensar em pessoas que estejam dispostas a trilhar esse caminho com os jovens, e isso exige compromisso, fidelidade e perseverança. Portanto, compromisso grupal não diz respeito apenas a formar um grupo de pessoas para atuar com animação vocacional, mas, sim, trata-se de definir perfis, de encontrar pessoas que estejam aptas a desenvolver esse percurso.

Compromisso grupal: direcionado ao coletivo, quando o grupo se reúne com o objetivo de acompanhar as vocações. É importante que os compromissos sejam claros. Deve existir coerência entre os que assumem o compromisso e os que o comunicam aos jovens.

1. Criar equipes locais (irmãs, leigas, casais, presbíteros).

2. Definir temas importantes para a formação e o estudo sobre a animação vocacional.

3. Elaborar cronograma de trabalho.

4. Aproximar-se dos jovens pela criatividade, respeitando o seu contexto e a sua realidade.

5. Articular com dioceses e paróquias o trabalho com a animação vocacional.

6. Preparar antecipadamente, de acordo com o itinerário, os encontros vocacionais.

7. Vivenciar momentos de espiritualidade.

8. Exercitar a leitura orante da Palavra.

9. Escutar e acompanhar os jovens.

10. Realizar pelo menos uma vez ao ano um retiro espiritual.

Liderança que inspira

"Jesus disse para eles: sigam-me,
e eu vos farei pescadores de homens"
(Mc 1,17)

Em sua missão, Jesus mostrou-se um autêntico líder, capaz de inspirar com autoridade e gerar confiança nas pessoas. Entendemos que o papel do assessor tem como principal objetivo atrair as pessoas para que a engrenagem da animação vocacional aconteça. Essa é uma missão estratégica e, consequentemente, bastante inspirada nas práticas de Jesus.

Aquele que assume essa missão deve constantemente agir a partir da pedagogia de Jesus. Portanto, a assessoria é compreendida como de um grupo ou de uma pessoa, que vai focar totalmente na animação vocacional, pensar na área como um todo, ficar liberada totalmente para cuidar desta e, consequentemente, no decorrer do processo, o desafio maior será o de envolver outras pessoas.

Compromisso de assessoria: direcionado a quem está em posição de gestão, aqueles ou aquelas que fazem acompanhamento em instâncias macros, de forma ampla: uma região, uma província, uma paróquia, uma diocese. O indivíduo responsável por esses compromissos tem a responsabilidade de liderar todo o conjunto do trabalho de animação vocacional. Compreende-se com isso que, para escolher esse indivíduo, é importante encontrar alguém com um perfil carismático, que tenha facilidade de comunicação e muita disposição para acompanhar pessoas e processos.

1. Pensar orientações, diretrizes, itinerários e ações concretas para a atuação em nível macro.

2. Assessorar as instâncias de governança, no âmbito da animação vocacional.

3. Trabalhar a circularidade na construção dos processos.

4. Fazer acompanhamento sistematizado dos animadores vocacionais.

5. Elaborar e construir aprofundamentos teóricos dos documentos e projetos vocacionais.

6. Construir uma equipe/comissão que possa articular todos os projetos e todos os processos.

7. Definir objetivo, finalidade e planejamento de ação para um período de trabalho.

8. Reunir, pelo menos uma vez por mês, a equipe para deliberar temas vocacionais (virtual/presencial).

9. Vivenciar missões e ações vocacionais, em vista do fortalecimento do processo entre as etapas do itinerário.

10. Garantir que os materiais vocacionais, projetos e atividades tenham interação dentro do itinerário.

11. Pensar no itinerário de formação para os animadores vocacionais.

12. Construir subsídios que ajudem a concretizar o itinerário.

Liderança que governa

"Jesus perguntou:

'Simão, filho de João, tu me amas?

Pedro respondeu: 'Sim senhor!'

Jesus disse: 'Cuide das minhas ovelhas'"

(Jo 21,16)

Uma característica fundamental de Jesus era justamente a sensibilidade e o entendimento das pessoas e suas potencialidades. Essa é uma atitude a ser considerada por quem atua em funções de governança e gestão. Portanto, o compromisso de governança está ligado às pessoas que compõem a gestão geral, mais especificamente no conselho da instituição.

A animação vocacional, sendo prioridade e estratégia, necessita do apoio direto do conselho, desde a escuta, aprovação e intervenção nos processos e projetos. O conselho deve apoiar a animação vocacional, tendo consciência de todas as ações desenvolvidas, bem como dos projetos estratégicos e operacionais.

Nesse sentido, é fundamental que constantemente a animação seja pauta das reuniões de conselho, apresentando todo o processo de desenvolvimento e crescimento, bem como os desafios e as fragilidades. Isso irá trazer mais segurança, fazendo com que os desafios se transformem em possibilidades de crescimento.

Compromisso central: direcionado às instâncias de aprovação, como, por exemplo, conselho geral, conselho paroquial, conselho provincial, conselho diocesano. O compromisso central está ligado a pessoas que estão à frente como principais lideranças da Igreja ou de instituições. É fundamental que essas pessoas tenham conhecimento dos processos vocacionais, dando apoio e, em seus discursos, animando os demais a colaborar constantemente.

1. Assumir como prioridade a animação vocacional.

2. Avaliar e criar investimentos financeiros destinados a esse fim.

3. Acompanhar sistematicamente a equipe de assessoria, dando autonomia e delegando responsabilidade pelo processo.

4. Respeitar os fluxos e encaminhamentos da animação vocacional, dando apoio e empoderamento à equipe de assessoria para que possa desenvolvê-los.

5. Aprofundar conteúdos ligados à animação vocacional na atualidade.

6. Garantir acompanhamento sistematizado da equipe de assessoria.

7. Fomentar, nas comunidades, a cultura de animação vocacional.

Estamos falando de uma aliança que se compõe com base em cada um dos elementos elencados na ilustração a seguir. Essa aliança torna-se enriquecida a partir do movimento em conjunto da cultura vocacional gerada.

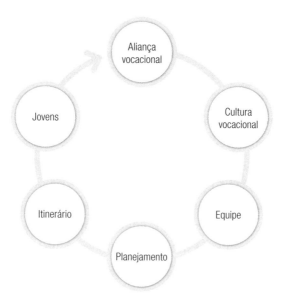

Figura 4. Ilustração da aliança vocacional.

A animação vocacional se compõe necessariamente desses elementos. Podemos pensar na imagem de uma mandala que se completa em cada expressão de seu universo colorido. Cada um desses tópicos, dentro dessa aliança, forma essa grande mandala da animação vocacional; porém, a ausência de um desses elementos enfraquece a estrutura e estrategicamente não colabora com o desenvolvimento do que desejamos.

Acompanhamento vocacional: responsabilidade e serviço

Podemos dizer que o acompanhamento é um serviço, um compromisso que o animador vocacional assume para favorecer, ao vocacionado, crescimento na fé, amadurecimento humano e segurança nas suas escolhas, além de uma profunda imersão através da fé na relação com Deus, de forma a perceber como este intervém na vocação. O acompanhamento pode contribuir para que a pessoa desenvolva, amadureça e diminua as chances de errar nas escolhas feitas em sua vida. Nesse sentido, é importante ter atenção aos seguintes aspectos:

a. *Atraso da maturidade*: sabemos que isso é uma realidade que pode estar presente em nossos grupos vocacionais e que deve ser levada em conta no acompanhamento. São comportamentos caracterizados por insegurança, causando instabilidade emocional, medo de ser o que se é, e, consequentemente, causando vazio, falta de propósito e necessidade de orientação.

b. *Relações interpessoais*: é importante a percepção sobre como o jovem se relaciona com a família e com a sociedade. O acompanhamento deve ajudá-lo a despertar para a importância das relações interpessoais.

c. *Conceito teológico:* o acompanhamento deve estimular o vocacionado a percorrer a sua história com olhar teológico, favorecendo a possibilidade de amadurecimento espiritual. Isso o ajudará a entender que Deus está presente o tempo inteiro na nossa vida, modelando e cuidando com carinho do caminhar de cada pessoa.

Contudo, é preciso compreender que o acompanhamento é fundamental para a pessoa construir seu projeto de vida pessoal. Essa construção pode colaborar significativamente na busca dos aspectos anteriores, de forma pedagógica, atenta e distribuída em áreas fundamentais, para equilibrar o sentido de ser no mundo.

Quem é a pessoa da caminhada vocacional? (isto é, quem faz a caminhada?)

Em sua experiência de acompanhamento, o animador vocacional compreende que a pessoa é artífice do seu processo vocacional. Ela percorre o caminho tomando consciência dessa responsabilidade, todavia, entender, conhecer, escutar e orientar é papel do animador vocacional, sobretudo, compreender a natureza, a cultura e seu modo de ser. Isso pode favorecer o acompanhamento e ajudar a diminuir os preconceitos estabelecidos que normalmente circulam na sociedade em relação aos jovens. Por isso, a pergunta fundamental é: quem é o jovem?

Entender os jovens a partir da pluralidade é um desafio para o animador vocacional, pela imensidão da diversidade presente na vida deles. Tal diversidade é dotada de características diversas, marcantes, bem como de sensações; é um mundo por vezes complexo de entender e, muitas vezes, esclarecedor para a humanidade.

Nesse sentido, antes de empreender qualquer missão junto aos jovens, é fundamental fazer um levantamento das forças, dos pontos de atenção e, sobretudo, dos elementos que percebemos que são desafiadores. A tabela a seguir pode ser útil na construção de um cenário abrangente dos jovens.

Diagnóstico das realidades juvenis

De acordo com a tabela, aponte os sinais que são perceptíveis na realidade dos jovens.

Forças: quais são as riquezas encontradas nas realidades juvenis?	Atenção: quais são as principais preocupações? Destaque o que é necessidade dos jovens.	Desafios: o que existe nas realidades juvenis que é sinal de morte?

Desafios do acompanhamento que podem estar presentes na prática

Com base no que foi discutido anteriormente, faz-se necessário colocar os pés na realidade e visualizar os desafios que podem aparecer e se tornar fatores de frustração, bem como de desânimo para o próprio animador vocacional. Merecem atenção alguns casos conhecidos como "especiais".

– *Vocações adultas*: jovens acima de 29 anos que buscam sua afirmação no projeto de vida, mas que enfrentam desafios nesse processo. Apontam-se três elementos: acolher, buscar conhecer suas motivações e refletir sobre o seu projeto de vida.

– *Aspectos relacionados à vida sexual*: muitas vezes encontramos pessoas imaturas e incapazes de dialogar sobre esses aspectos.

– *Situação psicoemocional fragilizada*: jovens em situação de vulnerabilidade emocional.

– *Situação social*: fatores relacionados a relacionamento familiar, à relação com o trabalho, à relação interpessoal. Deparamo-nos com reais desafios no que diz respeito a esses aspectos.

– *Subjetividade desestruturada*: também nos defrontamos com pessoas que desejam aproveitar-se de situações e que ficam insistindo em vivenciar experiências vocacionais sem motivações consistentes.

Estratégias a partir do itinerário vocacional

O acompanhamento ao longo do itinerário vocacional, que inclui as etapas despertar, discernir, cultivar e acompanhar, requer que o animador vocacional seja capaz de fazer conexões entre cada uma dessas etapas.

O despertar vocacional (1ª etapa)

Normalmente o vocacionado chega entusiasmado, ansioso para seguir imediatamente aquilo que lhe inquieta o coração. O despertar é marcado por uma experiência de encanto, em que a pessoa percebe algo que ela poderia ser na vida e deseja seguir isso de imediato. Nesse sentido, cabe aqui o olhar cuidadoso de quem acompanha para ajudar a pessoa a mergulhar em suas motivações e a se confrontar sobre se realmente é aquilo que deseja na vida. Por isso, o itinerário apresenta três etapas fundamentais, dando tempo suficiente para esse aprofundamento.

O discernimento vocacional (2ª etapa)

O vocacionado deve desenvolver os seguintes elementos, por meio do acompanhamento:

a. Suficiente conhecimento de si e capacidade de autodomínio, descoberta dos dons humanos, consciência do grau de maturidade alcançado, aceitação dos próprios limites e esforço concreto para um crescimento.

b. Uma vida cristã vivificada pela Palavra de Deus e pela prática sacramental, que leve a um aprofundamento do seguimento a Cristo e à descoberta de sua responsabilidade para com a Igreja e para com o serviço ministerial.

c. Formação catequética básica, iniciação à oração pessoal e colaboração com os responsáveis da comunidade eclesial. A animação vocacional pode estimular os jovens também no protagonismo eclesial.

d. Esclarecimento e amadurecimento dos aspectos vocacionais: capacidades, atitudes, motivações, boa e reta vontade, além de boa índole e desenvolvimento pessoal.

e. Conhecimentos das diferentes vocações na Igreja e aprofundamento da particular vocação à qual se sente chamado.

O cultivar vocacional (3ª etapa)

É preciso considerar que, entre a descoberta da vocação e a decisão, existem períodos de incertezas, questionamentos, dúvidas e experiências significativas. Nessa etapa, o acompanhamento deve estar atento a esses elementos, ajudando a pessoa a desenvolver consciência e maturidade diante da opção feita e planejada em seu processo de descoberta. O objetivo é proporcionar uma preparação básica para o amadurecimento vocacional que resulte em uma decisão pessoal, livre e madura.

O acompanhamento vocacional (4ª etapa)

A seguir, apresentamos uma sugestão de itinerário para o animador vocacional realizar sua missão.

Itinerário para o animador vocacional realizar os acompanhamentos

Despertar

A etapa do despertar acontece progressiva e simultaneamente em três âmbitos. Antes de tudo, é preciso despertar para a dimensão humana da vocação. O primeiro chamado é para sermos pessoas que cultivam valores que caracterizam o ser humano enquanto tal. O segundo âmbito diz respeito à dimensão cristã da vocação. Trata-se de despertar para a vivência do compromisso batismal, para o exercício fiel da missão que nasce a partir do Batismo que recebemos. Com muita facilidade, tendemos a logo transformar indivíduos em padres, frades e freiras, sem antes nos perguntarmos se essas pessoas são, de fato, cristãs. O terceiro âmbito, enfim, refere-se à dimensão eclesial da vocação. É preciso despertar para a concretização do compromisso batismal, fazendo as pessoas perceberem que não é possível ser cristão de forma "genérica", mas sim se envolvendo em compromissos concretos e prestando serviços específicos dentro da comunidade.

Estratégias: cultura do cuidado

TABELA 1 – ETAPA DO DESPERTAR

Despertar / dimensão	Valores	Temas	Projetos/ações
Humana. Cristã. Eclesial.	Elementos centrais no acompanhamento, é tudo aquilo que gera sentido, que pode estimular a pessoa a crescer.	A partir da realidade do vocacionado, escolher temas que possam ser refletidos, em vista do desenvolvimento e do amadurecimento pessoal.	São atividades que já acontecem, mas que, a partir dessa análise, ganham sentido nesta etapa.
Escolher um símbolo para este momento.			
Compromissos comportamentais	**Textos bíblicos de inspiração**	**Experiência concreta de vivência missionária**	**Momentos concretos de espiritualidade**

Elementos fundamentais na etapa do despertar:

– Aproximar-se dos jovens pelo diálogo, acolhimento e testemunho.

– Proporcionar-lhes experiências de fé.

– Refletir sobre o sentido da vida.

– Fazer vivências em comunidade.

– Pensar sobre o projeto de vida.

Discernir

Após o despertar, é claro que muitos vocacionados vão sentir o desejo de aprofundar e continuar o processo. Muitos apresentarão de imediato vontade de seguir Jesus a partir de uma

Despertar para a vocação

vocação específica. Nesse momento, entra em ação o processo de *discernimento*. Trata-se de verificar se os sinais são indicadores de um verdadeiro chamado da Trindade. O processo de discernimento, tendo presente a pedagogia usada por Jesus nos Evangelhos, questiona as motivações, tenta conhecer as intenções, alerta para a radicalidade e a seriedade da escolha.

TABELA 2 – ETAPA DO DISCERNIR

Discernir / dimensão	Motivações	Projeto de vida	Projetos/ações
Motivação vocacional. Responsabilidade da opção. Verificação dos sinais vocacionais. Inquietações, dúvidas, crises.	Hora de conversar sobre as motivações. O que passa pelo meu coração? O que desejo alcançar? A que quero dedicar minha vida?	Este é o momento de organizar o projeto de vida juntamente com o vocacionado. Crie um cronograma de acompanhamento.	São atividades que já acontecem, mas que, a partir dessa análise, ganham sentido nesta etapa.
Escolha um símbolo para este momento.			

Textos bíblicos de inspiração	Experiência eclesial	Temas	Relatório
	Motivar o jovem a criar compromisso com a comunidade eclesial, participando ativamente de grupos de jovens, catequeses ou liturgia eucarística.	Escolher um conjunto de temas e desenvolver um diálogo sobre a percepção do vocacionado. Avaliar seu desenvolvimento no itinerário.	Pode ser feito avaliando-se alguns aspectos da caminhada do jovem: sua trajetória no grupo vocacional, suas motivações pessoais e seu crescimento humano e espiritual.

Estratégias: cultura do cuidado

Elementos fundamentais na etapa do discernir:

- O discernimento exige tempo necessário para purificar as motivações.
- Conhecer bem o vocacionado: sua história, sua cultura, sua família.
- Proporcionar-lhe vivência de grupo.
- Garantir-lhe momentos pessoais de oração.
- Refletir sobre valores e temas necessários ao seu discernimento.
- Acompanhamento espiritual.
- Diálogo aberto e constante, de forma a analisar a necessidade de orientação psicológica.
- Ajudar o vocacionado a construir seu projeto de vida.

Cultivar

Esta etapa supera aquele imediatismo que tantas vezes caracteriza o processo vocacional. O medo de perder vocações leva muitas vezes à pressa, à precipitação, àquela atitude de querer direcionar as pessoas. Isso acontece, sobretudo, no âmbito da vida consagrada e do ministério ordenado. Muitas vezes falta a eclesialidade, o querer as vocações para a Igreja!

Por isso o discernimento é direcionado, bitolado, redutivo, pois o jovem ou a jovem termina optando por determinada congregação, pelo clero diocesano, por não conhecer outras possibilidades.

A etapa cultivar é um tempo privilegiado para conhecer as riquezas de todas as vocações específicas da Igreja. O vocacionado, provavelmente, já tem em mente e no coração o que deseja, no entanto, precisa passar pelo processo do confronto, da consciência e da clareza do que deseja para sua vida. É nesta etapa que essa dimensão é desenvolvida com mais intensidade.

TABELA 3 – ETAPA DO CULTIVAR

Cultivar	Retiro espiritual	Vivência a partir da vocação apontada	Compromissos
Espiritualidade Comunidade missionária.			
Escolher um símbolo para este momento.			

Elementos fundamentais na etapa do cultivar:

– Contato constante com o vocacionado.

– Visita à família do vocacionado.

– Vivência do jovem com a comunidade religiosa.

– Leituras a respeito da vocação específica.

– Acompanhamento pessoal.

– Consolidação do projeto pessoal de vida.

Acompanhar

A etapa do acompanhamento não é exclusiva, pois o animador vocacional a desenvolve durante todo o processo. O que ajudará o vocacionado a fazer uma escolha vocacional consciente e livre, justamente porque a resposta ao chamado divino é um caminho a ser percorrido. Como tal, vai acontecendo aos poucos. Não se chega a uma escolha de maneira rápida, veloz, mas aos poucos, passo a passo. Ela vai sendo amadurecida durante o processo. Nenhum vocacionado inicia seu itinerário já sabendo o que quer;

Estratégias: cultura do cuidado

e, se isso acontece, é importante realizar um processo de busca das motivações pessoais. Isso requer paciência, calma, espera, firmeza e coragem da parte de quem faz o acompanhamento.

TABELA 4 – ETAPA DO ACOMPANHAMENTO

Acompanhamento	Habilidades do animador vocacional	Perfil do animador vocacional	Formação
			Garantir formação para os animadores vocacionais.
A etapa do acompanhamento dá ao itinerário o sentido de circularidade	Descreva.		
É importante que o animador vocacional tenha clareza deste processo.			

Destacam-se alguns temas que podem ser desenvolvidos em um itinerário formativo, juntamente com os animadores vocacionais: maturidade e afetividade espiritual; ética no processo; realidades juvenis; formação humana; cultura vocacional; projeto pessoal de vida; subjetividade e cuidado pessoal; relações interpessoais; vida comunitária; sentido da vida consagrada nos tempos atuais; sensibilidade e exercício de escuta; repensar os lugares de atuação (novos areópagos); contexto bíblico para os processos vocacionais; técnicas de acompanhamento grupal e pessoal; elementos antropológicos e teológicos do animador vocacional; autoconhecimento, análise de conjuntura, cristologia, Bíblia, liturgia, eclesiologia, discipulado de Maria, realidade juvenil.

Despertar para a vocação

O perfil do animador vocacional

"É aquele que articula a comunidade local para que ela assuma a responsabilidade de suscitar vocações, a partir dos lugares e atividades que cada um dos seus membros exerce" (LISBOA, 2011).

O animador vocacional precisa ter como perfil:

– Paciência, calma, firmeza, coragem de quem acompanha.

– Presença constante durante o processo, mostrando-se companheiro de caminhada, ajudando o vocacionado a formar-se e a caminhar com os próprios pés.

Qualquer método de acompanhamento deve libertar o vocacionado. E o acompanhamento pessoal garante a organização do projeto de vida.

Estratégias de acompanhamento do animador vocacional:

– Ser acolhedor.

– Estar disponível para acompanhar as etapas do itinerário.

– Ser criativo e inovador nas ações vocacionais.

– Ser uma pessoa equilibrada afetiva, psicológica e emocionalmente.

– Ter encanto pelos jovens e vontade de conhecer a sua história familiar.

– Ter paciência para conhecer as motivações dos vocacionados.

– Ser uma pessoa compromissada com a Igreja.

– Ser um indivíduo de oração e maduro nas decisões.

– Ter sensibilidade e abertura para conhecer a realidade dos jovens.

– Conhecer as vocações específicas.

– Saber dialogar e orientar.

Conclusão

A necessidade de acompanhamento deve estruturar-se dentro de uma perspectiva de pedagogia vocacional, oferecendo ao jovem a possibilidade de crescimento, desenvolvimento e amadurecimento. O processo vocacional deve ser um marco referencial, e os animadores vocacionais precisam estar preparados e motivados a lidar com os processos e desafios do caminho. Esta obra procurou ofertar uma reflexão sobre esses assuntos.

Com a missão de animar vocações para a Igreja, o itinerário tem como total referência Jesus Cristo. Ele é o animador vocacional por excelência, e desejamos seguir seus passos, ajudando os jovens na elaboração do projeto de vida, na busca da felicidade, na descoberta da vocação e na compreensão do sentido da vida.

O Papa Francisco, durante a Jornada Mundial 2023, motivou e estimulou os jovens a transformarem a Igreja. O desafio para esses jovens é fazer da Igreja um lugar especial para que possam viver sua vocação. O Papa reconhece-os como lugar fértil vocacional. Portanto, cabe aos animadores vocacionais ter um olhar estratégico, capaz de perceber a força juvenil nos processos vocacionais.

Despertar para a vocação

Considerando o marco identitário da realidade juvenil na atualidade, é fundamental que a animação vocacional adote uma abordagem estratégica. O desejo desta obra foi estimular os animadores nesse âmbito, destacando-se a importância da escuta, da presença e do compromisso de caminhar junto aos jovens.

Apontam-se três aspectos fundamentais como critérios avaliativos para o processo vocacional: consciência, identificação e encantamento. O animador vocacional deve levar em conta esses aspectos no processo avaliativo da pedagogia vocacional. Ao contemplar a opção de vida apontada pela pessoa, é fundamental que tal opção esteja imbuída desses critérios. Caso contrário, corre-se o risco de estimular uma opção genérica, frágil e sem alicerce para dar conta dos desafios referentes à opção vivida.

Por fim, acreditar na animação vocacional exigirá, sobretudo, cuidado com a própria vocação, estruturando-a como prioridade, como base central em nossa vida, despertando, por nosso testemunho, novas vocações a viverem em prol da construção do Reino de Deus.

Referências

AGUIAR, Junqueira Maria. A escolha na orientação profissional: contribuições da psicologia sócio-histórica. *Psic. da Ed.*, São Paulo, 23, p. 11-25, 2º sem. de 2006.

BASTOS, J. C. Orientação vocacional/profissional de abordagem sócio-histórica: uma proposta de concretização da orientação para o trabalho sugerida pelos parâmetros curriculares nacionais. *Virtú*, 2, 2005. Disponível em: <http://www.virtu.ufjf.br/artigo 02.doc>. Acesso em: 3 jul. 2007.

BOCK, Silvio Duarte. *A escolha profissional de sujeitos de baixa renda recém-egressos do Ensino Médio.* Campinas, SP: [s.n.], 2008.

CENCINI, Amedeo. *Viver reconciliados.* São Paulo: Paulinas, 2013.

CERICATTO, Camila; ALVES, Cássia Ferrazza; PATIAS, Naiana Dapieve. A maturidade para a escolha profissional em adolescentes do Ensino Médio. *Revista de Psicologia da IMED*, Passo Fundo, v. 9, n. 1, p. 22-37, nov. 2017. Disponível em: <https://seer.imed.edu.br/index.php/revistapsico/article/view/1487>. Acesso em: 24 jun. 2019.

COUTO, Marcus Ennes Rangel. *Orientação profissional: o estudante é muito mais que uma opção*. 2014, 38f. Monografia (Licenciatura em Química). Niterói, Universidade Federal Fluminense, 2014.

COSTA, Marcio. *Discernimento vocacional*: estratégias, subjetividades e itinerários. São Paulo: Paulinas, 2019.

GOMES, F. Z. et al. Adolescentes e construção de projeto de vida: um relato de experiência. *Revista do Programa de Residência Multiprofissional em Atenção Básica, Saúde da Família*, n. 3, 2016.

HURTADO, Daniela Haertel. *Projetos de vida e projetos vitais*: um estudo sobre projetos de jovens estudantes em condições de vulnerabilidade social da cidade de São Paulo. Orientação: Ulisses Ferreira Araújo. São Paulo: [s.n.], 2002.

LISBOA, J. *Evangelho da vocação, dimensão vocacional da evangelização*. São Paulo: Loyola, 2003.

MACHADO, J. N. A vida, o jogo e o projeto. In: MACHADO, N.; MACEDO, L.; ARANTES, V. *Jogo e projeto*: pontos e contrapontos. São Paulo: Summus, 2006. 136p.

MARTINS, Denise da Fonseca. Orientação profissional: teoria e prática. *Avaliação Psicológica*, n. 7, v. 1, p. 113-114, 2008.

PAPA FRANCISCO. *Os jovens, a fé e o discernimento vocacional*. Documento preparatório, 2017. Disponível em: https://www.vatican.va/roman_curia/synod/documents/rc_synod_doc_20170113_documento-preparatorio-xv_po.html. Acesso em: Acesso em: 24 jun. 2019.

PAPA JOÃO PAULO II. Exortação apostólica pós-sinodal *Vita Consecrata*, n. 64, 25 mar. 1996. Disponível em: https://www.vatican.va/content/john-paul-ii/pt/apost_exhortations/documents/hf_jp-ii_exh_25031996_vita-consecrata.html. Acesso em: 24 jun. 2019.

VALORE, L. A. Orientação profissional em grupo na escola pública: direções possíveis, desafios necessários. In: LEVENFUS, R. S.; SOARES, D. H. P. (org.). *Orientação vocacional ocupacional*: novos achados teóricos, técnicas e instrumentos para a clínica, a escola e a empresa. Porto Alegre: Artes Médicas, 2002. p. 115-131.

Rua Dona Inácia Uchoa, 62
04110-020 – São Paulo – SP (Brasil)
Tel.: (11) 2125-3500
paulinas.com.br – editora@paulinas.com.br
Telemarketing e SAC: 0800-7010081